RELIEVE del TERRENO

LOS CONTINENTES

Sandy Sepehri

Rourke Educational Media
rourkeeducationalmedia.com

www.rourkeeducationalmedia.com

Photo Credits

Pg. 5 © Wikimedia Commons; Pg. 6 © Steffen Foerster Photography; Pg. 7 © USGS; Pg. 10 © Vova Pomortzeff; Pg. 11 © Franck Camhi; Pg. 11b © Antonio Jorge Nunes; Pg. 11c Svetlana Privezentseva; Pg. 12 © Dvoretskiy Igor Vladimirovich; Pg. 12b © Marco Alegria; Pg. 13 © Hannes Grobe; Pg. 14 © National Science Foundation; Pg. 14b © National Science Foundation; Pg. 15 © National Science Foundation; Pg. 15b © Jose Alberto Tejo; Pg. 16 © Efremova Irina; Pg. 19 © Ronald Sumners; Pg. 20 © Steve Lovegrove; Pg. 21 © Susan Flashman; Pg. 21b © Eric Isselée; Pg. 21c © Susan Flashman; Pg. 22 © Svetlana Privezentseva; Pg. 23 © gary718; Pg. 23b © Alexey Goosev; Pg. 26 © Mike Norton; Pg. 27 © Teck Siong Ong; Pg. 27b © Wikipedia; Pg. 28 © Socrates; Pg. 30 © Ranplett.

Design and Production - Blue Door Publishing; bdpublishing.com
Editorial/Production services in Spanish by
Cambridge BrickHouse, Inc.
www.cambridgebh.com

Sepehri, Sandy.
Los continentes / Sandy Sepehri.
(Relieve del terreno)
ISBN 978-1-62717-307-0 (soft cover - Spanish)
ISBN 978-1-62717-503-6 (e-Book - Spanish)
SBN 978-1-60694-910-8 (soft cover-English)

Printed in China, FOFO I - Production Company
Shenzhen, Guangdong Province

Rourke Educational Media
rourkeeducationalmedia.com
customerservice@rourkeeducationalmedia.com • PO Box 643328 Vero Beach, Florida 32964

Contenido

La gran canica azul

Vista desde el espacio, la Tierra parece una gran canica azul. Los remolinos blancos son en realidad nubes, y sus áreas de colores cálidos, verde y marrón, son masas de tierra conocidas como los siete **continentes**.

A diferencia de una canica, la tierra está siempre cambiando. Tal vez creas que estás quieto en un mismo lugar, pero estás sobre un continente que va lentamente a la deriva por el océano.

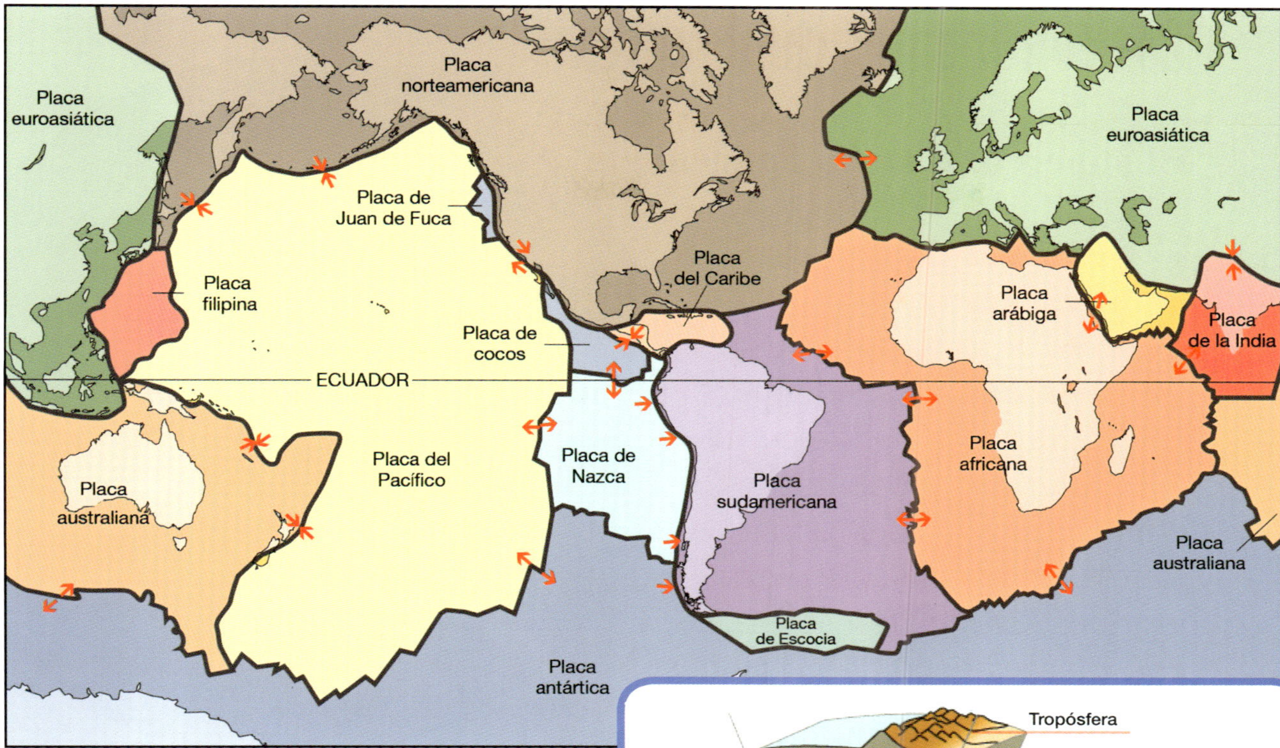

La superficie de la Tierra no es una capa sólida, como un pedazo de fruta. Se divide en áreas separadas, llamadas placas, que se encuentran debajo de los continentes y océanos.

Las placas están compuestas por la corteza terrestre y rocas de la capa del manto. Ellas se mueven solo unos pocos centímetros al año.

Lo que las hace moverse son las **placas tectónicas**.

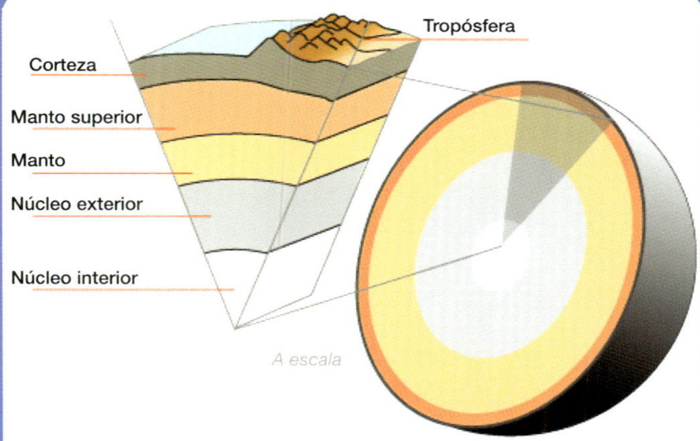

¿Alguna vez has examinado una hogaza de pan fresco? Es cálida y húmeda en el interior, y dura y crujiente en el exterior. De la misma manera, la Tierra está cubierta por una corteza y debajo yacen capas donde hay tanto calor, ¡que las rocas se derriten!

Los continentes cambiantes

El supercontinente Pangea

Las placas de la Tierra están siempre en movimiento y con ellas se mueven los continentes. Esto se llama deriva continental. Si recortas fotos de papel de los continentes puedes armarlos juntos como una sola pieza grande. Así lucían los continentes hace 248 millones de años. A este supercontinente se le llamó Pangea, una palabra griega, que significa "toda la tierra".

Pangea fue hogar de los primeros dinosaurios y mamíferos que aparecieron en la Tierra durante el período Triásico. Nuevos dinosaurios siguieron apareciendo, hasta el final del período Cretácico, hace 65 millones de años.

Laurasia y Gondwana

A principios del período Jurásico, hace 206 millones de años, Pangea se dividió en dos masas distintas: Laurasia y Gondwana. Laurasia contenía lo que son ahora parte de Asia, Europa y América del Norte. Gondwana contenía lo que ahora son la Antártida, América del Sur, África, Madagascar, Australia, Nueva Guinea, Nueva Zelandia, Arabia y la India.

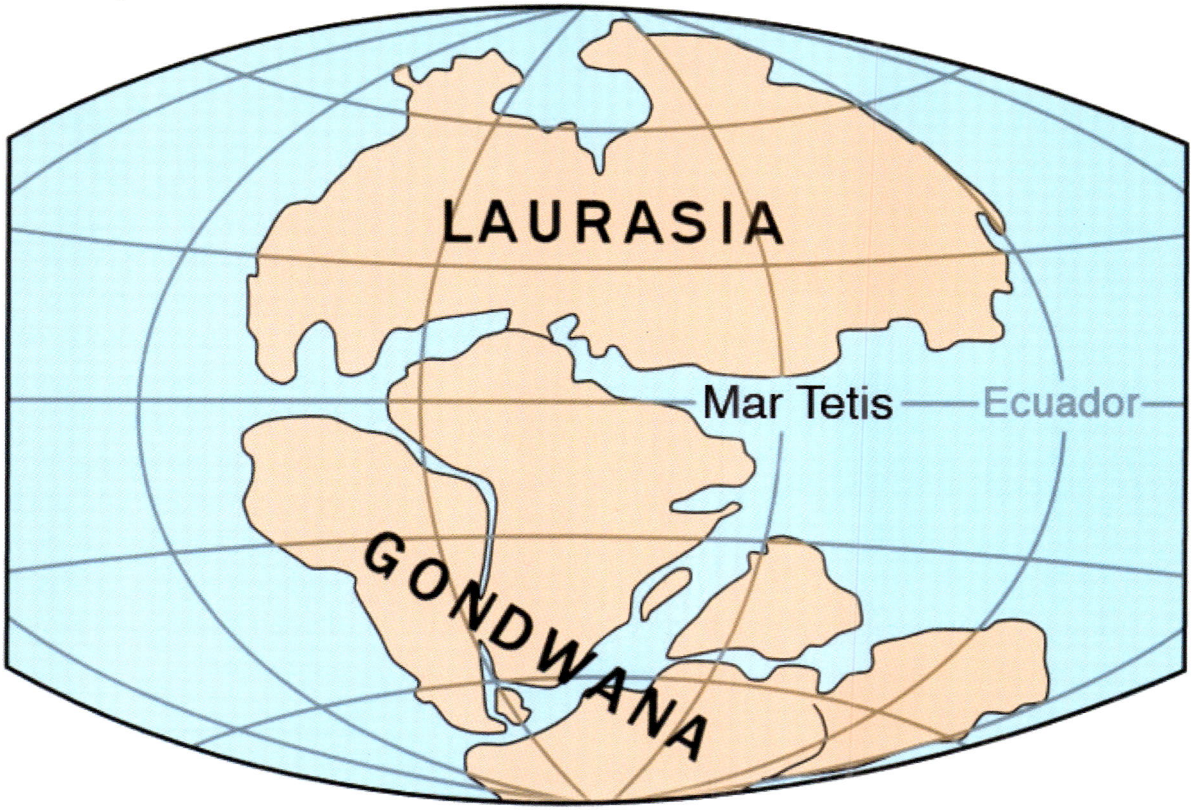

Un Supercontinente se divide

Se cree que el supercontinente se separó por última vez hace unos 200 millones de años durante el final del período Triásico.

Los siete continentes de hoy

Hace aproximadamente 200 millones de años, Laurasia comenzó a dividirse en continentes más pequeños. Gondwana también comenzó a dividirse en continentes más pequeños, hace aproximadamente 167 millones de años, durante la segunda mitad del Período Jurásico. Esos pedazos de tierra de Laurasia y Gondwana es lo que nosotros llamamos continentes. Del más grande al más pequeño, son:

Según la mayoría de los geógrafos, existen siete continentes, pero hay ciertas discrepancias en cuanto a dónde comienza un continente y termina otro. Algunos geógrafos consideran Europa parte de Asia, porque los dos se unen en algunas áreas. Lo llaman masa continental de Eurasia.

Asia	16,910,884 mi^2	43,810,582 km^2
África	11,668,545 mi^2	30,221,532 km^2
América del Norte	9,450,000 mi^2	24,490,000 km^2
América del Sur	6,890,000 mi^2	17,840,000 km^2
Europa	3,930,000 mi^2	10,180,000 km^2
Antártida	5,405,430 mi^2	14,400,000 km^2
Australia	3,304160 mi^2	8,560,000 km^2

Los continentes siguen moviéndose hoy. En el medio del fondo del océano Atlántico, entre dos placas de la Tierra, hay una grieta profunda llamada la dorsal Mesoatlántica. Estas placas se mueven constantemente, pero de manera lenta, alejándose de las demás y distanciándose entre sí. Así como las placas se separan, igual pasa con los continentes que están encima de estas.

Los **geólogos** creen que América del Norte se alejará tanto hacia el oeste que llegará hasta Asia. También esperan que California se separe de América del Norte y se aleje flotando.

Este mapa muestra la dorsal Mesoatlántica que atraviesa la Tierra casi de polo a polo. Este límite entre dos placas es de miles de millas de largo.

¿Cómo se agranda el fondo del océano?

Cuando se separan las placas de la Tierra y crean una abertura en la corteza, el magma caliente subyacente fluye hasta llenar el espacio. El magma se seca y se endurece en la nueva corteza.

Primera parada: África

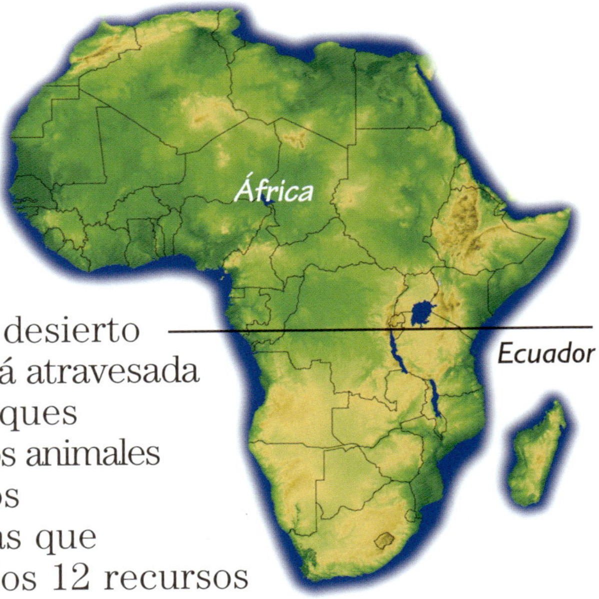

El segundo continente más grande es África. Posee más de 50 países. África del Norte es mayormente seca y tiene accidentes geográficos como el Kilimanjaro y el desierto del Sahara, el desierto más grande del mundo. África central está atravesada por la línea del Ecuador, donde los bosques **tropicales** calientes son el hogar de muchos animales raros como los elefantes de bosque y los leopardos. África meridional tiene minas que constituyen una fuente importante de los 12 recursos minerales principales del mundo.

El monte Kilimanjaro es la montaña más alta de África, 19,340 pies (5,895 m).

El Lago Victoria es el lago más grande de África y el segundo lago de agua dulce más grande del mundo. (El lago Superior, en Norteamérica, es el lago de agua dulce más grande).

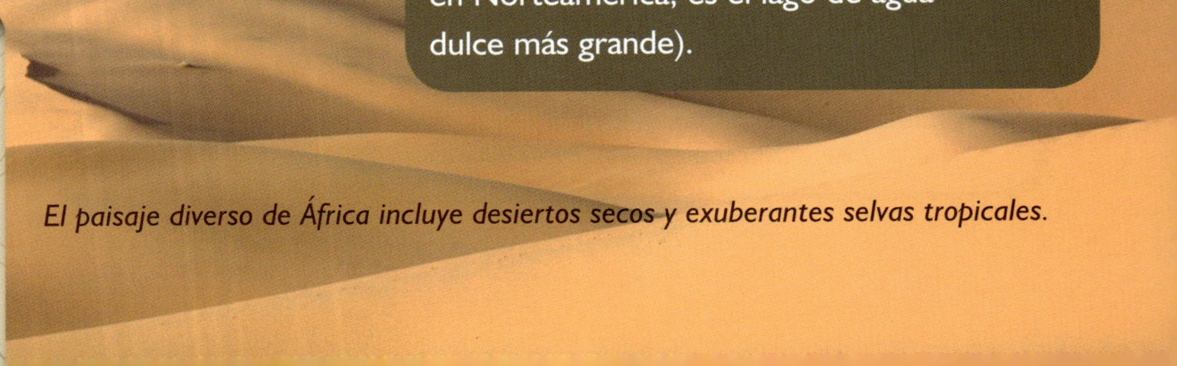

El paisaje diverso de África incluye desiertos secos y exuberantes selvas tropicales.

África tiene la segunda mayor población del mundo, incluyendo cientos de diferentes grupos étnicos. En África se hablan más de dos mil idiomas, y muchos africanos hablan más de uno.

El Nilo es el río más largo del mundo. Fluye hacia el norte a través de África del este, Egipto, y hacia el mar Mediterráneo. Lleva agua y suelo **fértil** a las zonas circundantes.

Los Massai son uno de los muchos grupos étnicos que viven en África. Viven en Kenya y el norte de Tanzania.

La mayoría de la gente del norte de África son árabes o bereberes. Los beduinos, como los anteriores, son un grupo étnico que vive en África del norte.

La zona más fértil en África es la cuenca del Congo, que recibe más de 60 pulgadas (152 cm) de lluvia al año.

Africa produce muchos de los minerales del mundo, la mayoría de los diamantes y el oro. África procesa los cultivos agrícolas, el pescado y las frutas, y manufactura materiales de construcción y telas.

La momia de Tutankamón fue enterrada con una máscara de oro. Hasta hoy en día, África es aún rica en oro.

Egipto está en el norte de África. Egipto es el hogar de las grandes pirámides. Allí fue encontrada la tumba de Tutankamón.

África es también conocida por sus devastadores períodos de sequía. Una sequía ocurre cuando no hay suficiente agua para satisfacer las necesidades de personas, animales y plantas. Incluso durante épocas de lluvia promedio, la sequía puede ocurrir por falta de suministro de agua subterránea o incluso por el tipo de técnicas agrícolas utilizadas.

Durante una sequía, la suciedad y el polvo reemplazan los pastizales y cultivos.

Antártida

La Antártida es el continente más frío del mundo. Está casi totalmente cubierta por una capa de hielo que se ha sido formando durante millones de años. En la costa, los pedazos se rompen y se convierten en icebergs. Las montañas Trasantárticas dividen la capa de hielo en dos secciones, que se extienden por todo el continente. En un lado de las montañas, la capa de hielo está mayormente sobre el nivel del mar. En el otro lado, está mayormente por debajo del nivel del mar.

ÁREA GEOGRÁFICA: La plataforma de hielo de Ross es más grande que Francia y tiene un promedio de 1,000 pies (300 m) de espesor.

Las montañas Trasantárticas son una de las cordilleras más largas de la Tierra; se extienden por unos 2,175 millas (3,500 km).

Las montañas Trasantárticas

El rompehielos de la guardia costera estadounidense sobre la plataforma de hielo de Ross.

Los científicos trabajan en un aparato para monitorear el tiempo.

Los únicos seres humanos que residen en la Antártida son científicos, y lo hacen por lo general durante el verano. Estos científicos han traído información valiosa acerca de los animales y el clima de este continente.

Algunas de las primeras personas que fueron a la Antártida eran balleneros y cazadores de focas. En 1778, se inició la caza de focas por su aceite y su piel, hasta que casi se **extinguieron**. Desde 1978, se le ha puesto límites a la caza de focas. A principios de los años 1900, las ballenas antárticas fueron cazadas casi hasta su extinción, pero desde entonces han sido protegidas.

¡Cuidado con el deshielo!

Si continúa el calentamiento global, los científicos predicen que se podría derretir el hielo occidental de la Antártida, posiblemente tan pronto como en los próximos cien años. Esta fusión de hielo podría elevar el nivel del mar de todo el mundo, unos 20 pies (6 m).

En tierra, hay muy poca vida en la Antártida y solo unas pocas plantas e insectos. Sin embargo, el océano circundante está lleno de vida y animales marinos, como ballenas, pingüinos y focas, que necesitan de plantas y animales para alimentarse.

La Antártida es hogar de las pocas veces vista foca de Ross, el enorme elefante marino, y de la foca leopardo, que se alimentan de pingüinos. Los pingüinos atrapan su alimento bajo el agua y suben a la tierra para criar y cuidar de sus huevos.

Pingüino emperador

La foca leopardo es la segunda especie de foca más grande de la Antártida y puede vivir hasta 26 años.

Asia

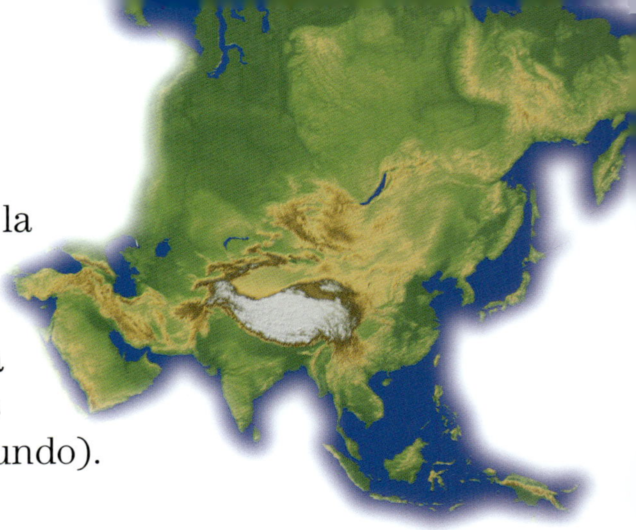

Asia es el continente más grande de la Tierra, con 49 países. Tiene casi cada tipo de paisaje, incluyendo el altiplano tibetano (Qinghai en China), la **meseta** más alta y más grande del mundo; y los Himalayas (la cordillera más alta del mundo).

El Monte Everest es la montaña más alta de la Tierra. Tiene 29,028 pies (8,848 m) de altura. Está en la parte de los Himalaya que se extiende por la frontera entre Nepal y China.

En la gran llanura de Siberia, en Rusia, los inviernos son extremadamente fríos y el sol brilla solo durante una hora al día. En Asia meridional, en la India, el el clima suele ser caliente y la temperatura puede llegar a 120 °F (48 °C).

En Asia meridional, el clima es caliente y puede dificultar mucho el trabajo.

Monzones

Los monzones se producen principalmente en Asia. Los vientos monzónicos traen fuertes lluvias en el verano y pueden durar meses. En invierno, los vientos traen aire seco.

Irán, Irak y los países de la península arábiga, son parte de una región llamada el Medio Oriente. En Asia Central, el Medio Oriente tiene una de las reservas de petróleo más grandes del mundo.

En Aden, Yemén, caen menos de dos pulgadas de lluvia al año.

En Mawsynram, India, caen 467 pulgadas (1,186 cm) cada año.

¿Qué es una península?
Una península es un pedazo de tierra que está rodeado de agua por todas partes, excepto por una.

La nube marrón asiática es como los científicos llaman al grueso manto de contaminación que se cierne sobre el sur y sudeste de Asia. Tiene dos millas (tres kilómetros) de ancho y es causado por la quema de combustibles. Es tan grave que podría crear patrones climáticos peligrosos, y millones de personas podrían enfermarse.

Muchas islas se encuentran en las costas de Asia. Aunque no son parte de su masa continental, se las sigue considerando parte del continente. Llamamos **archipiélago** a un grupo de islas; Japón es un archipiélago. Está formado por un grupo de islas frente a la costa oriental de Asia, en el océano Pacífico.

Dentro del continente asiático hay subcontinentes. Los subcontinentes son áreas grandes de tierra que son parte de un continente, pero que se consideran separadas debido a su geografía o política. La India es un subcontinente.

Australia

Australia: "la tierra allá abajo". se encuentra en el **Hemisferio** Sur, es decir, por debajo del Ecuador. Es también el continente más pequeño , así como también el más llano y el más **árido**. Al sur tiene las aguas frías del océano Antártico; y en el norte los cálidos mares tropicales del sudeste asiático. Las dos terceras partes de Australia son desérticas o semidesérticas.

¿Continente o país?

Australia Australia es el único continente que es a la vez un país. Las islas, Tasmania y Melville, están separadas del continente australiano, pero son consideradas parte del país.

Como Australia se encuentra en el hemisferio sur, las estaciones del año son las opuestas a las de América del Norte. Cuando tenemos invierno, ¡ellos están en verano!

Uluru o Roca de Ayers, es una roca de la piedra arenisca gigantesca localizada en el centro de Australia. La roca atrae a millones de turistas cada año.

La mayor parte de Australia tiene el suelo más antiguo y menos fértil del mundo, aunque lo largo de la costa este, hayan tierras fértiles.

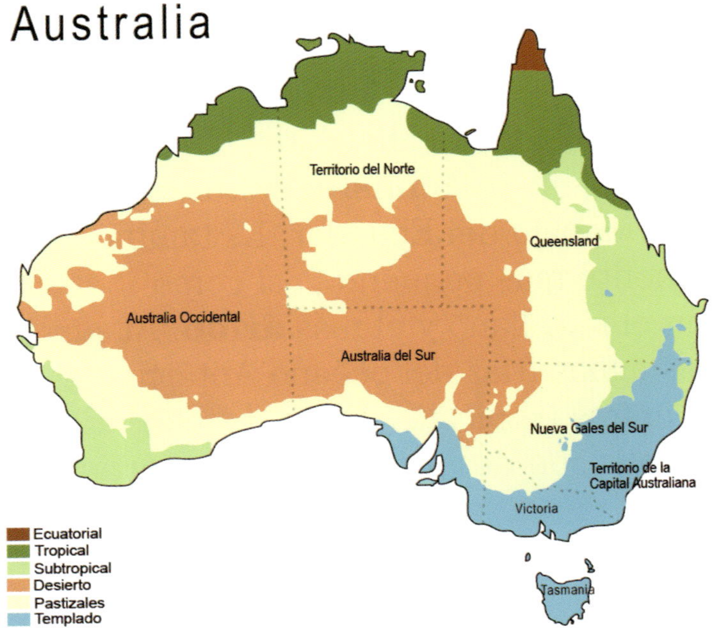

a

Los agricultores en Australia siembran trigo, algodón, plátanos, cacao y caña de azúcar. Algunas personas tienen granjas ovejeras donde crían ganado ovino para obtener lana y carne. La mayoría de las granjas de ovejas en Australia se encuentran en el interior. El interior se refiere sobre todo a las zonas remotas y áridas de Australia. El interior es extremadamente rico en minerales de uranio y manganeso, hierro, aluminio y también contiene grandes depósitos minerales de zinc, níquel, plomo y oro.

En Australia, las granjas ovejeras están en el Outback.

Los paisajes de la parte norte del país, con un clima tropical, consisten en selvas, bosques, pastizales, manglares y desiertos.

La Gran Barrera de Coral de Australia está ubicada en la costa noreste. Es la barrera de coral más grande del mundo, ¡tan grande que puede verse desde el espacio!

Tasmania es una isla ubicada a 125 millas (200 km) al sur del lado oriental del continente, separada de este por el **estrecho** de Bass. El estado de Tasmania incluye la isla de Tasmania y otras islas cercanas. Es parte del continente australiano.

Algunos de los animales de Australia no existen en otro lugar de la Tierra, incluidos los wombats, koalas, canguros y ualabis: todos marsupiales, lo que significa que llevan a sus bebés en una bolsa abdominal.

Europa

Europa es el segundo continente más pequeño, con 40 países independientes. Es en realidad una península de la mucho más grande masa continental de Eurasia.

Los accidentes geográficos del norte de Europa incluyen montañas nevadas, cascadas, volcanes y aguas termales. El sur de Europa, a lo largo del cálido Mar Mediterráneo, cuenta con viñedos y olivos. El oriente de Europa está separado de Rusia por los Montes Urales, donde hay petróleo, carbón, hierro, cobre, oro y piedras preciosas.

Eurasia es una masa continental que incluye a Europa y Asia.

Vista del fiordo Geiranger en Noruega, Europa.

Vista del mar Mediterráneo desde Tarragona, España.

Europa es una península, está rodeada de agua por tres lados. Está dividida en otras penínsulas más pequeñas a lo largo de su costa.

Vista de los Alpes desde un centro turístico de Suiza.

De todas las cadenas de montañas que se extienden por toda Europa, los Alpes son las más altas. Se encuentran en nueve países y son la fuente de muchos de los grandes ríos europeos.

Europa tiene muchas regiones. Cada región tiene el mismo clima, relieve o cultura.

Escandinavia es una región, está formada por Dinamarca, Suecia, Noruega, Finlandia e Islandia.

¡En medio del verano, en el norte de Escandinavia hay 24 horas de luz diurna!

Rusia

Rusia se extiende por dos continentes: Asia y Europa. Rusia está dividida por los montes Urales. Estos separan el este de Rusia del resto de Asia y Europa.

Europa es el hogar de muchos grupos étnicos y de 40 idiomas principales. Su economía se basa en gran medida en la industria y los servicios, así como en la agricultura.

Hay industrias pesqueras de nivel mundial en Rusia, Polonia y Alemania. Europa oriental cultiva maíz y trigo, mientras que el sur de Europa se especializa en frutas y verduras.

Europa es abundante en carbón, mineral de hierro y manganeso, que forman una **aleación** muy dura: el acero.

América del Norte

América del Norte se encuentra en el hemisferio norte. Incluye los Estados Unidos, Canadá, América Central, la Isla de Groenlandia y todos los países del Caribe. Es el tercer continente más grande. Incluye 23 países y docenas de posesiones y **territorios**, ubicados principalmente en el Caribe. Hacia el norte, Alaska, Canadá y Groenlandia colindan con el gélido océano Ártico. América del Norte limita al este con el Océano Atlántico Norte, en el sureste con el mar Caribe, y en el sur y al oeste con el océano Pacífico Norte. Está conectada a América del Sur, por el istmo de Panamá.

GRANDES REGIONES DE AMÉRICA DEL NORTE

Región:	**Accidentes geográficos:**
Oeste	Las Montañas Rocosas y la Gran Cuenca (una región extensa y árida en el oeste de Estados Unidos)
Este	Los Montes Apalaches
Noreste	El Escudo Canadiense (una meseta)
Grandes Llanuras	Golfo de México y el Ártico canadiense

¿Qué es un istmo?
Un istmo es una región estrecha de tierra (con agua a ambos lados) que conecta dos áreas de tierra más grandes.

Los Estados Unidos

El este de los Estados Unidos tiene mayormente vegetación **caducifolia** y pastizales. Las praderas, los bosques boreales y las Montañas Rocosas están en el oeste, y los desiertos en el suroeste. Debido a su gran tamaño y tan diversas características geográficas, posee muchos climas diferentes. El sur de la Florida es tropical, Alaska es **polar**. (Alaska está separada de los Estados Unidos por Canadá.) Los Estados que bordean el Golfo de México son propensos a los huracanes y la mayoría de los tornados del mundo ocurren dentro del territorio continental de los Estados Unidos.

En Estados Unidos hay muchos parques nacionales. Yellowstone se convirtió en el primer Parque Nacional del mundo el 1 de marzo de 1872. Localizado sobre todo en el estado de Wyoming, el parque se extiende a Montana e Idaho. El parque es conocido por sus fuentes **geotérmicas**.

El geiser Old Faithful es una de las atracciones más populares de Yellowstone.

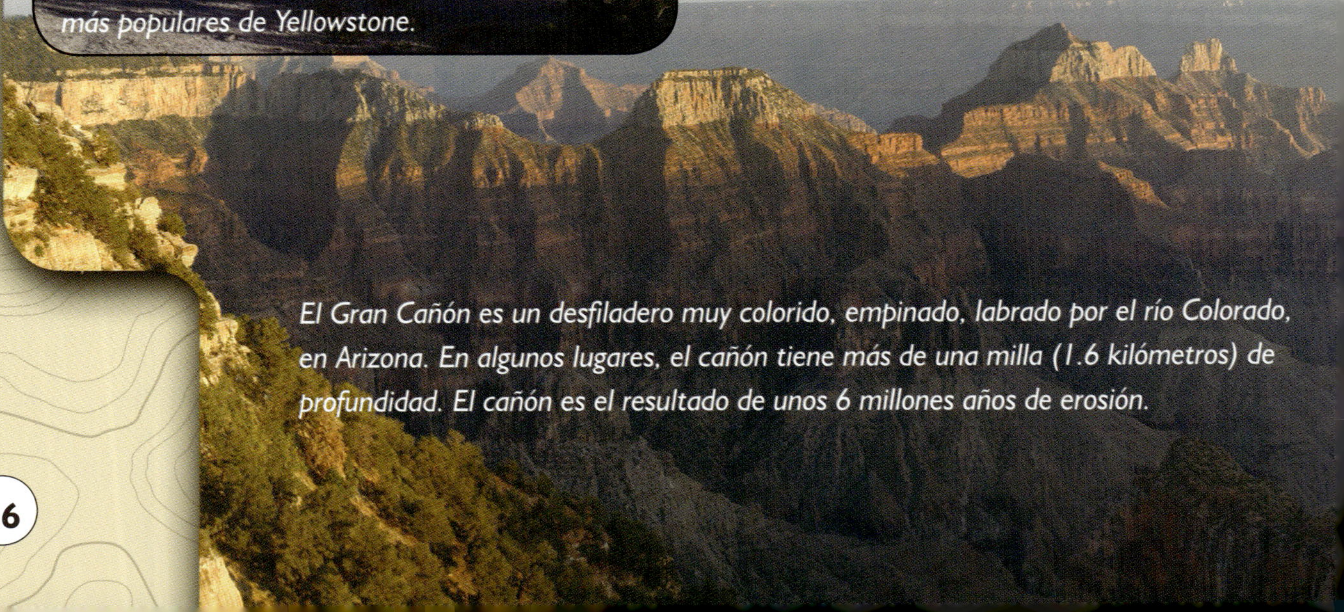

El Gran Cañón es un desfiladero muy colorido, empinado, labrado por el río Colorado, en Arizona. En algunos lugares, el cañón tiene más de una milla (1.6 kilómetros) de profundidad. El cañón es el resultado de unos 6 millones años de erosión.

California, en la costa oeste, es el hogar de las secuoyas gigantes. Estos son probablemente los árboles más altos del mundo. Algunos de ellos tienen unos 2,000 años de edad. Pueden crecer hasta 379 pies (115.5 m) de altura y tener un diámetro de 23 pies (7 m) en la base.

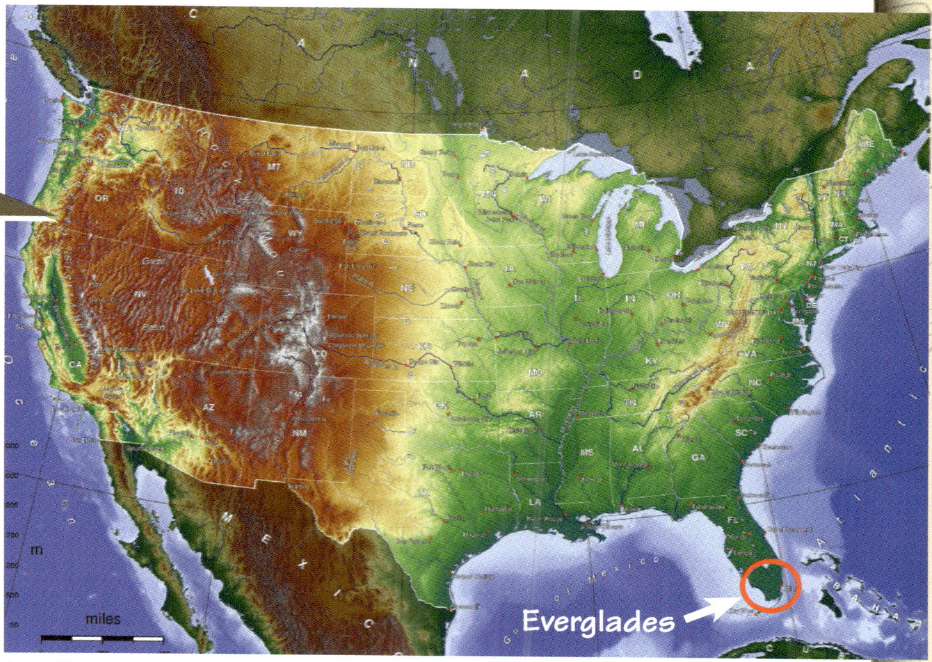

Los Everglades están en una zona subtropical pantanosa situada en el sur del estado de Florida.

El Parque Nacional Everglades en Florida cubre 2.3 millones de hectáreas. El agua de los Everglades se utiliza como suministro de agua para las principales ciudades de la zona.

¿Cuál es el punto más bajo de Norteamérica?
El Valle de la Muerte es el lugar con menor elevación en América del Norte con 282 pies (86 m) por debajo del nivel del mar.

Canadá

Canadá comparte sus fronteras con Estados Unidos. Tiene la costa más larga del mundo con 125,567 millas (202,080 km).

Si viajas alrededor de Canadá verás gélidas regiones árticas, bosques boreales, montañas rocosas, praderas planas y lagos cristalinos.

Canadá posee vastas reservas de agua: sus ríos descargan casi el nueve por ciento del suministro de agua renovable del mundo, contiene una cuarta parte de los humedales del planeta, y tiene la tercera mayor cantidad de glaciares (después de la Antártida y Groenlandia).

Una base rocosa grande conocida como el Escudo Canadiense se extiende al norte de los grandes lagos hasta el océano Ártico, cubriendo la mitad del país.

El Escudo Canadiense es la región azul del mapa.

El Caribe

El Caribe es un área en la porción meridional de América del Norte. Esta área se compone de casi 7,000 islas, ensenadas y cayos. El área está rodeada por el cálido y despejado Mar Caribe. La geografía isleña varía de plana y arenosa a montañosa y rocosa.

La vida marina es una de las más diversas del mundo y millones de personas visitan esta región cada año buscando buenas playas y recreación acuática.

América del Sur

La mayor parte de América del Sur está al sur del Ecuador. Limita al oeste con el océano Pacífico, y al norte y este con el océano Atlántico. Sus regiones incluyen los estados andinos, las Guayanas, el cono sur y Brasil, que es el país más grande y poblado. Sus recursos naturales son el cobre, **mineral** de hierro, estaño y petróleo. Se produce principalmente café, caña de azúcar y algodón. Uno de los lugares más famosos en América del Sur es su extremo sur, llamado Cabo de Hornos. Las naves que pasan por esta extrema porción sur de tierra, se enfrentan con violentas tormentas y algunos de los mares más agitados de la Tierra. Esta era la ruta que tomaban las naves para transportar carga desde el océano Atlántico hacia el océano Pacífico hasta 1914, cuando se construyó el Canal de Panamá en el extremo meridional de América del Norte.

La árida tierra del Cabo de Hornos

América del Sur tiene muchos de los accidentes geográficos más impresionantes del mundo:

Salto del Ángel:	**Cascada más alta, 3,212 pies (979 m)**
Lugar:	**Parque Nacional Canaima, Venezuela**
Río Amazonas:	**Río más caudaloso (volumen) —unas 4,000 millas (6,400 km) de largo**
Los Andes:	**Cordillera más larga, 4,400 millas (7,000 km) de largo**
Atacama:	**Desierto más seco, en Chile**
Selva del Amazonas:	**Bosque tropical más grande, (2.2 millones de millas cuadradas (5.5 km^2)**
Lago Titicaca:	**Lago comercial navegable más alto, a 12,507 pies (3,812 m) sobre el nivel del mar.**
Lugar:	**En los Andes, en la frontera entre Perú y Bolivia**

La selva amazónica es hogar de millones de insectos, decenas de miles de plantas y unos 2,000 pájaros y mamíferos. La deforestación y la tala de árboles está amenazando a la selva y a sus habitantes.

La deforestación en la Amazonia amenaza a muchas especies, incluyendo las ranas arbóreas.

La selva amazónica constituye más de la mitad de las selvas tropicales de la Tierra.

Glosario

aleación — cuando se mezclan dos o más metales

árido — área de tierra que está seca y recibe poca o ninguna precipitación

caducifolios — los árboles caducifolios pierden sus hojas cada año

continentes — las siete masas grandes de tierra en la Tierra

estrecho — una franja estrecha de agua que conecta dos cuerpos más grandes de agua

extinguir — una especie de animal o planta que ya no vive en la Tierra

fértil — la tierra fértil es buena para el cultivo de plantas

geólogo — una persona que estudia el suelo y las rocas de la Tierra

geotérmica — energía térmica o calor contenido dentro de las rocas debajo de la superficie de la Tierra

hemisferio — la mitad de una esfera; la mitad de la Tierra, o el hemisferio norte y el hemisferio sur

meseta — un área de terreno llano y alto

mineral — una sustancia en la tierra; oro, cobre, sal, plata

placas tectónicas — el movimiento de las grandes masas de tierra que conforman la corteza terrestre

polar — relacionado con el área alrededor del norte y del sur de la Tierra

territorios — un área grande de la Tierra, a menudo controlada por una persona o un gobierno

tropical — relacionado con la zona lluviosa y caliente alrededor de la tierra que está cerca del ecuador

Índice

Más lectura

Mara, Wil. *The Seven Continents*. Scholastic, 2005.
McClish, Bruce. *Earth's Continents*. Heinemann, 2003.
Bingham, Jane. *Europe*. Heinemann, 2007.

Sitios de la internet

www.kids.earth.nasa.gov/archive/pangaea
www.enchantedlearning.com/geography/continents

Sobre la autora

Sandy Sepehri vive en la Florida con su marido, Shahram, y sus tres hijos. Ella tiene una licenciatura y escribe artículos para publicaciones independientes, y cuentos infantiles. También ha escrito una serie de ficción y libros de no ficción.